AF321912

RÉFLEXIONS

SUR UNE BROCHURE INTITULÉE:

KOSCIUSZKO

AU PEUPLE FRANÇAIS.

Ficta sint proxima veris.

HORACE.

S'IL peut être permis quelquefois, et lorsqu'il ne s'agit que d'une fiction sans conséquence, de décorer un ouvrage d'un nom célèbre, il ne l'est jamais de prêter à un illustre infortuné des discours qui compromettent son caractère et vont même jusqu'à déshonorer ses principes, de le mettre pour ainsi dire, en scène, sans s'être pénétré tout-à-la-fois de l'importance de la cause qu'il a défendue, et de la dignité du peuple que l'on interpelle.

Kosciuzko peut-il parler à la nation, dont il a voulu suivre l'exemple, sans lui rendre compte des vicissitudes qu'il a éprouvées, des obstacles de toute espèce qu'il a eus à vaincre et qu'il a vaincus long-temps; de ses efforts, de ses succès et du malheur affreux qui en a été le terme? Combien il seroit intéressant de montrer ce héros aux Français tel qu'il est à cette époque, où rayé pour ainsi dire du nombre des vivans, la postérité commence pour lui! A la faveur de ce cadre heureux, qu'il seroit aisé à un sincère ami de la vérité de peindre les maux que souffre la Pologne, d'intéresser les cœurs pour elle et de faire couler bien des larmes ; Mais ce martyr de la liberté n'est ici qu'un vain rhéteur, qu'un charlatan diplomatique qui s'égare en futiles déclamations, qui étale dans un style souvent inintelligible une érudition pleine de pédanterie sur *le systême de l'équilibre*, sur *l'équilibre de l'Europe*, sur *les dissonances politiques*, sur *le systême harmonique*, sur *le systême inverse, etc.* Comme les idées erronées de l'auteur sur la Pologne ne peuvent qu'ôter d'avance tout crédit aux vues que des esprits plus sages proposeroient, et à celles qu'il propose

A

lui-même sous un nom vénéré, je me suis cru obligé de le dépouiller de son masque, et de parcourir cet opuscule. Mes remarques seront sans ordre ; l'anonyme n'en a suivi aucun.

D'abord, avec quelle mal-adresse il met en scène Kosciuszko ! *Des chants de triomphe apprennent* au malheureux prisonnier les *victoires* multipliées des Français. Par qui, par quelle voie ces chants éclatans ont-ils pénétré dans ces prisons profondes ? Quelle est, quelle peut être la cause de cette *honte*, de cette *rage*, de cette *stupeur*, peintes sur les visages des satellites de Catherine ? Qui peut produire sa propre *épouvante*? Eh de bonne, foi qu'a-t-elle à craindre ? elle rit des disgraces qu'éprouvent les Autrichiens, et tranquille dans la possession de ses rapines, elle savoure avec complaisance le spectacle de la ruine de ses rivaux. Elle voit bien que l'obstination de l'Autriche à prolonger une guerre désastreuse, ne peut que l'affoiblir ; et par une suite nécessaire mettre à la fin le cabinet de Vienne dans une dépendance absolue de celui de Pétersbourg.

Avant de faire aucun frais de logique, notre anonyme consacre des pages à une déclamation sans objet. Par exemple, il dit : « L'historien et le politique confondus, par » la révolution française, laissent échapper la plume.... Les » Français ne paroissent sur le char de triomphe que pour » protéger et éclairer leurs frères..... Les générations » futures attendent qu'ils prononcent sur leur sort »...... Si la plume échappe à tout le monde, pourquoi n'a-t-elle pas aussi échappée à l'auteur ? Il faut être bien hardi pour écrire après un pareil aveu. Il crie : *la paix ! la paix !* au nom *de tous les peuples*, au nom de *l'humanité expirante*, et bientôt il va proposer des vues propres à éloigner la paix. Il avance, dans son style ridiculement figuré, que *les Français ne sont sur leur char de triomphe que pour éclairer et protéger leurs frères*, et il ne fait pas connoître ces frères. Ils n'en ont que trop de faux !

Les Français doivent encore monter sur ce char de triomphe pour proclamer leur indépendance à l'univers, et tous les peuples, dont le vœu est pour la *paix, la paix !* n'ont qu'à entourer les triomphateurs, et ce cri de l'humanité expirante, *la paix ! la paix !* sera bientôt écouté. Le gouvernement de la république desire aussi cette paix ; ce sentiment lui est cher, puisqu'il l'est aux Français. *Mais les ennemis du peuple républicain sont-ils frappés du coup mortel*, comme le dit l'auteur. Je crois qu'il n'est pas encore temps d'embrasser les Anglais.

(3)

Après avoir assuré que la *sagesse des Français déjoue tous les complots*, il leur prodigue des conseils triviaux ; il les avertit de ne point écouter « des hommes qui rai-
» sonnent peu, ne prévoyent rien, qui se jettent aveu-
» glément d'un extrême à l'autre, sans autre guide que
» l'affection du moment ». Voilà l'auteur métamorphosé en maître d'école, et les Français devenus un troupeau d'enfans étourdis.

Si l'anonyme eût réfléchi, s'il ne jettoit pas comme au hasard toutes ses phrases et tous ses mots, il auroit indiqué, et il l'auroit fait avec discrétion « ces écueils, que les
» Français doivent craindre, ces pièges dans lesquels l'astuce
» machiavélique cherchera à les faire tomber, et les
» moyens de démêler au travers de ces sentimens pacifiques
» en apparence de toutes les puissances, l'impression de
» la terreur que leur inspirent les succès français ».

Quand on ne sait pas offrir adroitement des avis déli-
cats, il faut parler sans ambage à la raison, satisfaire la curiosité par des explications tranchantes, et sur-tout ne point oublier de placer le remède à côté du mal. Et si l'on se sent assez de courage pour parler en face à un public, aussi éclairé et aussi respectable qu'est celui de la France, il faut lui offrir des choses dignes de fixer son attention.

La superbe Rome, continue-t-il, *à l'exemple du dieu du capitole, la foudre à la main, ne vouloit régner que par la terreur et sur des nations asservies.* L'anonyme n'a donc pas étudié cette superbe Rome, ou il n'a pas su l'étudier ; il auroit senti tout ce qu'il y a de profond dans le mot de Montes-
quieu, *que Rome tendoit à ce que tous les peuples devinssent Ro-
mains sans être compatriotes* Ce système, sans imposer aux peuples des lois uniformes et générales, tendoit à leur donner une impulsion commune et favorable aux Romains, à étouffer chez eux toute liaison propre à causer de l'ombrage, et rien ne servit mieux ce gouvernement que le respect qu'il inspira à l'univers.

Kosciuszko connoissoit trop bien toutes les ressources de la France qu'il a étudiée, pour croire que les négociations pour la paix aient été entamées par la France, à cause de *l'impossibilité où elle eût été de continuer la guerre*, et il connoissoit assez l'ennemi qui le premier ouvrit ces confé-
rences, pour être persuadé qu'il n'auroit ni demandé, ni accepté la paix, si les Français se fussent trouvés dans l'impossibilité de continuer la guerre.

L'anonyme s'écrie : « Français, vous pouvez tracer autour
» de vos ennemis le cercle de Popilius, pour les forcer à

» signer une paix qui embrasse en entier le grand systême
» de la pacification et du bonheur de l'Europe »! Mais,
pourquoi ne le trace-t-il pas lui-même ? Il eût montré un
talent bien autrement recommandable, si au lieu de cette
metaphore usée il eût fait lui-même ce plan de pacification
générale, s'il eût démontré qu'un ancien systême politique
ne peut convenir à un peuple qui s'est donné une nouvelle
existence, et s'il eût indiqué quelles règles une grande nation, constituée en république, doit suivre dans ses rela-
tions avec les gouvernemens étrangers. Cette tâche bien
remplie seroit plus intéressante pour les lecteurs que ces
citations historiques qui ne prouvent réellement rien. Il pa-
roît que l'histoire n'est pour lui, qu'une science de dates et
de noms ; tandis qu'elle est l'étude des faits et de leurs causes;
ce qui forme, comme le dit Volney, un cours d'expérience
que le genre humain fait sur lui-même.

Je ne m'arrêterai pas sur des vérités aussi triviales, et
par conséquent aussi inutiles que celles-ci : « Ce n'est pas
» l'esprit chevaleresque de François I, ni les guerres civiles
» sous les Valois, ni les malheurs qu'attira sur la France
» l'ambition de Louis XIV, qui lui ont fait perdre la pré-
» pondérance qu'elle avoit en Europe ». Tout cela n'est
cité que pour faire briller le prétendu savoir en politique de
l'anonyme. Personne n'ignore que l'alliance que fit Louis XV
avec l'Autriche a été très - impolitique. L'auteur après
avoir fait l'énumération des conséquences que cette alliance
a eues, ajoute : « Français, l'Europe entière étonnée de votre
» dégradation volontaire a cessé de vous regarder comme
» son point d'appui fixe ». Peut-on attribuer à la nation, ce
qui n'a été que l'ouvrage du gouvernement ? Peut-on lui
reprocher comme une *dégradation volontaire*, ce qui n'a été
que la dégradation du gouvernement ? Non, la France ne
consentit point à ce déshonneur. Tous les hommes éclairés
prévoyoient les maux qu'enfanteroit cette monstrueuse alliance, et les Français devenus inopinément Autrichiens ne
purent s'accoutumer à leur métamorphose.

Si l'auteur ne dit sur la France que des inepties et des
choses communes, au moins le héros qu'il introduit de-
vroit-il se montrer profondément instruit sur les affaires de
sa nation. Il en est tout autrement. « La ruine de mon pays,
» dit-il au nom de Kosciuszko, n'est pas non plus l'ouvrage
» de ses derniers désastres. La source de notre malheur est
» dans notre union inconsidérée avec la Russie. Pierre,
» politique astucieux, après s'être porté médiateur (en 1716),

(5)

» entre les Polonois et leur chef Auguste II, proposa
» la paix à la Pologne, pour la plonger à jamais dans la
» plus funeste léthargie. Il parvint à persuader à nos an-
» cêtres, déjà corrompus par la mollesse et le luxe saxons,
» de supprimer la majeure partie de leurs troupes. Ami
» perfide, allié faux, il a su par ce seul trait machia-
» vélique, dégrader pour toujours une nation jadis belli-
» queuse et célèbre ».

À ce langage, qui ne croiroit entendre un de ces
agens des magnats de Pologne qui, comme leurs maîtres,
ne voyoient de moyen d'existence pour leur pays que
dans les cabinets de leurs voisins.

Peut-on pousser l'extravagance au point d'assigner
comme la source unique des malheurs de la Pologne, son
union inconsidérée avec la Russie ? Montrons que nous
connoissons les vraies causes de nos malheurs ; montrons
par l'aveu sincère de nos erreurs, que nous sommes
capables de les corriger un jour. La source des cala-
mités de la Pologne, c'est ce code absurde qu'on
osoit appeler constitution républicaine. Les magnats,
fidèles gardiens de ce dépôt d'anarchie, abaissoient la
noblesse, écrasoient les villes et anéantissoient le peuple.
Le pouvoir législatif détruit, le pouvoir exécutif paralysé,
laissoient souvent l'état entier livré aux passions de ces
grands, divisés entre eux, voués à l'indolence, incapables
en un mot de gouverner, qui facilitoient les premiers
les manœuvres de l'étranger.

Ce politique astucieux, ou ce barbare à demi civilisé,
qui parvint à persuader à la Pologne de supprimer une grande
partie de troupes, n'a pas pu dégrader la nation, qui
n'existoit point alors. Cette nation n'a donné un véritable
signe d'existence qu'à l'époque de la diète de 1788, et
on l'a vue, à l'aurore de sa souveraineté, secouer le
joug honteux de la garantie moscovite. On l'eût vue at-
teindre le but de ses efforts, de ses combats sanglans, si
elle n'eût pas eu parmi ses chefs des gens qui, ne sachant ou
ne voulant pas profiter des forces nationales, voyoient toujours le salut de la Pologne dans l'appui des alliances et l'exer-
cice des négociations. Une nation n'a de bases solides que
dans ses propres forces ; ses liaisons politiques ne forment
jamais qu'un secours fragile ; et si l'anonyme connoissoit
les derniers événemens de notre pays, il sauroit que ce
fut un excès de confiance dans le traité avec le roi de
Prusse, qui nous amena les orages qui ont enfin englouti
notre vaisseau. Hélas ! pourquoi n'a-t-on pas mieux profité

des sages conseils d'un sincère ami de la Pologne, de Rousseau de Genève ? « Polonois, dit-il, ne comptez » pas les alliances et traités pour quelque chose ; tout » cela ne sert de rien avec les puissances chrétiennes : » elles ne connoissent d'autres liens, que ceux de leur » intérêt ; quand elles le trouveront à remplir leurs enga- » gemens, elles les rempliront ; quand elles le trouveront » à les rompre, elles les rompront : autant vaudroit n'en » point prendre. Encore, si cet intérêt étoit toujours » vrai, la connoissance de ce qu'il leur convient de faire » pourroit faire prévoir ce qu'elles feroient. Mais ce n'est » presque jamais la raison d'état qui les guide, c'est l'intérêt » momentané d'un ministre, d'une fille, d'un favori ; c'est » le motif qu'aucune sagesse humaine n'a pu prévoir, qui » les détermine tantôt pour, tantôt contre leurs vrais inté- » rêts ». *Cons. sur le Gouv. de Pol.* Ch. XV.

L'anonyme raisonne sur la Suède avec sa logique ordi-naire. Selon lui, il n'est aucun malheur pour les peuples qu'on ne doive attribuer à quelque faute en diplomatie. L'organisation intérieure des gouvernemens, leurs vices, leurs avantages n'entrent pour rien dans ses calculs. L'his-toire est toujours son champ favori ; mais ce champ ne produit pour lui qu'une vaine pâture.

L'élévation de la famille de Vasa au trône de Pologne, dans la personne de Sigismond III, et la perte que ce roi fit de la couronne de ses pères, que la diète de Stokholm lui ôta pour la placer sur la tête de son oncle, Charles de Sudermanie, furent l'origine des longues dissen-tions, des guerres opiniâtres et ruineuses entre les mo-narques de ces deux pays. L'époque de ces discordes dont la Russie n'a que trop souvent profité, est importante dans l'histoire du Nord. Si la Suède et la Pologne avoient été constamment unies, comme leurs vrais intérêts le demandoient, la Russie, dont les domaines s'étendent sur tout en Asie, ne seroit jamais parvenue à jouer en Europe ce rôle préponderant qui de jour en jour menace davantage la sûreté des nations.

La conduite d'Auguste, qui en jurant les *pacta conventa*, promet d'arracher la Livonie à la nation suédoise, qui à la suite de cet engagement investit Riga, écrase la ville sous les bombes, et qui, repoussé de là, s'allie avec le czar contre Charles XII, toutes les démarches du roi de Pologne justifient celui de Suède, qui, malgré le préjugé établi, se montra, en Pologne, encore plus politique peut-être que guerrier. Sa vengeance ne fut dirigée que contre la maison de Saxe, et il cherchoit, par toutes sortes de moyens, de tracer une ligne de séparation entre les Polonais et leur roi. Cette adresse lui acquit dans ce pays beaucoup de partisans. C'est à la politique de ce prince qu'on peut attribuer son salut à la bataille de Clissow, qui lui auroit été funeste, si des escadrons Polonais n'eussent pas abandonné les Saxons près de vaincre. En détrônant Auguste, *dont la mollesse et le luxe avoient corrompu les Polonois*, comme le dit légèrement l'anonyme lui-même; en cherchant à donner la couronne aux enfans de Sobieski, en l'offrant à Stanislas Leszczynski, ne montre-t-il pas clairement que ses vues tendoient à relever les Polonois et à se lier avec eux pour maintenir cet équilibre du Nord, que l'anonyme recommande tant aujourd'hui. Si Charles XII, victorieux en Pologne, se fût montré grand général en attaquant la Russie, si au lieu d'aller à Pultava, dit le général Henri Loyd, il eût pris Smolensko, et que de là il se fût avancé jusqu'à Moscou, il ne lui falloit plus qu'une victoire pour se mettre en possession de cette place importante et de tout l'empire. C'est par ce chemin que le fameux Zolkieski conduisit les Polonois dans le temps des guerres heureuses qu'ils ont faites autrefois contre les Moscovites, et qu'il obtint le succès décisif qui mit entre ses mains le czar Basile, et força les Russes de proclamer Uladislas pour leur maître ; et l'on ne peut douter que Charles XII, s'il eût suivi ce plan, ne fut parvenu à délivrer la Pologne, la Suède et l'Europe de cette énorme puissance.

Suivons l'anonyme en Prusse : « Si la Prusse, dit-il, » qui a dû ceder pour un moment à la force des cir- » constances, s'avisoit d'adopter, par principe, un systéme » suivi d'union avec la Russie, elle pourroit un jour » en ressentir les effets les plus désastreux pour sa puis- » sance. On sait déjà que Pierre-le-Grand avoit conçu » une vive jalousie envers la Prusse, quand le fameux » Goertz lui representa que la Suède étoit suffisam- » ment abaissée, et qu'il ne falloit pas trop élever la » Prusse ».

Je ne crois pas qu'on puisse de bonne foi présenter de cette manière des événemens aussi peu anciens. Est-ce par la force des circonstances que Frédéric est entré dans le partage de la Pologne, et s'est uni avec la Russie ? Est-ce par la force des circonstances encore que Frédéric-Guillaume n'a pas été fidèle au traité fait avec la Pologne, et qu'il avoit lui-même tant sollicité ? N'y a-t-il pas d'autres raisons pour prouver que la monarchie prussienne ne peut prospérer long-temps avec un système suivi d'union avec la Russie, que l'autorité d'un ministre de Charles XII, qui s'il eût dit en effet à l'ennemi, au rival de son maître, que *la Suède était suffisamment abaissée,* etc., n'auroit été fameux que par sa bassesse et son délire diplomatique (*).

En parlant de la coalition, l'anonyme en compte les auteurs, savoir l'Angleterre, l'Autriche et la Russie. *Voilà, Français, les trois puissances qui ont conspiré votre perte.* Il oublie celle qui, revenue à de meilleurs principes, a la première rendu hommage à la force, cette loi suprême des rois.

Nous sommes persuadés avec l'anonyme, que l'Autriche, la Russie et l'Angleterre ne renonceront pas facilement à la haine qu'elles ont pour la France ; mais s'il a cru mal à propos avoir bien exposé dans une suite de phrases dénuées de clarté et de précision, ce qui mériteroit un travail particulier, au moins il auroit dû sentir que, lorsqu'on a à faire à de pareils ennemis, on ne peut pas improviser ce grand système de pacification et de bonheur de l'Europe.

Comment l'anonyme peut-il prétendre que la coalition des puissances européennes contre la France n'a pas eu pour cause la proclamation de sa liberté ? Et comment entreprend-il de prouver une assertion aussi étrange ? Ecoutons-le. « La Hollande, dit-il, et les autres peuples » ont reconquis leurs droits sans qu'aucune ligue se soit » formée contre eux. Francklin et Wasington ont osé arracher » aux despotes leurs sceptres de fer, et cependant aucune » coalition destructive ne s'est élevée contre l'Amérique ». Je n'hésite pas d'avancer que cette assimilation est forcée. Que dis-je ! absurde. La Hollande, petit pays, peu propre par lui-même à causer des alarmes aux potentats, n'étoit point une vraie république : l'aristocratie des villes, voilà quel étoit son gouvernement ; le reste de la nation étoit peu de chose ; et le motif unique de ceux qui secondèrent l'insurrection des Pays-Bas, étoit de diminuer d'autant l'énorme puissance de la maison d'Autriche.

Quant à l'Amérique, on doit avouer qu'elle a deviné

(*) Goertz, fameux brouillon et faiseur malheureux de projets, déclara à Pierre I qu'on lui céderoit la Livonie, l'Estonie, l'Ingrie et la Carelie, à condition qu'il fourniroit des secours au roi Charles, lesquels serviroient à enlever Stetin au roi de Prusse, Brême et Verden au roi d'Angleterre, et à détrôner ce dernier pour placer sur le trône britannique le fils de Jacques II. On sait quelle fut l'issue de tout ce plan, et le sort de son auteur.

et proclamé les principes de la liberté : mais à une si grande distance de l'Europe, à une époque où ce peuple étoit encore pour ainsi dire au berceau, où sa population, son territoire, sa marine, ses finances, n'étoient encore qu'en espérance, que pouvoit-on craindre de lui ? Qu'y avoit-il de commun entre l'Amérique et les rois ? On ne vouloit aussi qu'affoiblir l'ambitieuse Angleterre par la perte de ses colonies.

Mais la France, quelle différence, bon dieu ! La France qui plus d'une fois, sous ses monarques même, avoit rendu vaine l'attaque de plusieurs puissances conjurées contr'elle, la France regorgeant de citoyens, renommée par sa valeur, par les ressources de son industrie, par la fertilité de son sol, par sa position au centre de l'Europe, par le caractère audacieux de ses habitans, par l'influence que leur goût épuré a communiquée à leurs écrits philosophiques, que de sujets de terreur n'a-t-elle pas dû donner à toutes les têtes couronnées, lorsqu'ayant aboli noblesse, clergé, parlemens, priviléges de toute espèce, et ayant assujéti son chef à la souveraineté nationale, elle a dit : « je veux être libre ; je ne connois plus l'arbitraire ».

C'est parce que les rois ont conçu la plus vive terreur des premières démarches de la France, qu'ils se sont confédérés, et que ne doutant pas un moment du succès d'une si formidable réunion, ils se sont dit à leur tour : « nous nous partagerons ce beau pays ». Ce projet de partage est la suite de leurs espérances, et leur coalition est l'effet de leur frayeur. Voilà avec précision ce qu'ils ont pensé et ce qu'ils ont fait. Dites-nous donc à présent, judicieux et profond politique, ce que vous entendez par votre *raison d'état* ? Est-ce que la peur n'est pas une excellente raison pour tout le monde ?

Pour appuyer cette inintelligible supposition, l'anonyme prétend, soutient que les rois coalisés ne se sont pas proposés de venger la cause des rois.

Voici sa prétendue démonstration. Il est certain qu'elle étonnera.

L'Angleterre ! eh quoi ! elle a trempé ses mains dans le sang de ses rois. Oui, mais les rois suivans n'en sont pas moins parvenus, graces à l'or, graces aux appas de la grandeur, des places, du pouvoir, graces à l'habileté et à la constance des ministres des despotes d'autant mieux affermis, qu'ils affectent des formes tempérées et modestes, à régner sur les Anglais.

L'Autriche ! elle a persécuté Jean, roi de Hongrie

Oui, pour régner à la place de ce Jean sur les Hongrois.
*La Russie ! et dans ce moment Catherine retient Stanislas
dans les fers.*

Stanislas n'est point dans les fers ; il jouit en sage Epi-
curien d'une opulente pension ; il se livre à des goûts
peu héroïques , mais qui lui sont chers ; il peut tous les
jours se délecter dans la lecture des poëtes élégans de
Rome et de Paris ; briller au milieu des courtisans beaux
esprits qui lui restent , et visiter ses portefeuilles d'es-
tampes ; point de diètes importunes , point de troupes à
lever , à mener au combat, à animer par de courageux
exemples. Rien ne lui eût tant coûté autrefois , et il
s'est refusé toujours à ces pénibles exercices ; enfin ce
prince (quel bonheur digne d'envie !) , est oublié de tout
l'univers , tandis que Catherine règne pour lui sur sa patrie.

« Descendrons-nous avec l'anonyme dans ces détours té-
» nébreux pour rechercher les fils cachés qui ont fait mou-
» voir tant d'intérêts ? nous occuperons-nous de ces poli-
» tiques artificieux qui sont parvenus à faire de leur propre
» cause, la cause commune » ? Les trivialités qu'il prodigue
sur l'Espagne , les motifs qu'il prête à l'Italie dans la part
active qu'elle a prise à cette guerre, le coup-d'œil superficiel
qu'il jette sur la république batave ; tout cet amas de ré-
flexions communes n'annonce ni sagesse d'esprit , ni vraie
érudition.

Parmi ces détours , il auroit dû nous faire connoître au
moins quelques - unes des intrigues du cabinet russe , les
plus curieuses des manœuvres de Pitt , ce que Lucchesini
a conseillé au monarque qu'il dirige. Puisque selon lui les
plus foibles des coalisés ont été forcés par les plus forts
de les suivre , qu'il nous dise pourquoi et comment le
Danemarck , la Suède , Gênes , Venise , les cantons suisses,
pressés sans cesse de se joindre à ces puissances prépondé-
rantes , ont réussi à repousser et leurs promesses et leurs
menaces.

L'anonyme parle du roi de Prusse comme de la seule
puissance qui a droit de fixer son attention en Allemagne ,
et tout ce qu'il dit sur ce pays avec un ton de réserve et
de timidité , n'aboutit qu'à inspirer des doutes sur sa sin-
cérité. « Il s'agissoit , dit-il , pour la sûreté et la conserva-
» tion des états de la Prusse , que la France tînt la balance
» du Nord. Ne la tenoit-elle plus , la Prusse alors devoit
» naturellement pencher du côté de la Russie ».

Tous ceux qui ont réfléchi sur les intérêts de la monarchie prussienne ont pensé que les liaisons de Frédéric II

avec la Russie, étoient très-impolitiques, et que le partage de la Pologne l'étoit d'avantage encore. C'étoit l'opinion du ministre Hertzberg. Le feu roi de Prusse est mort convaincu de son erreur, et celui-ci ne tarderoit pas d'en éprouver les effets malheureux, s'il continuoit à suivre ce penchant funeste qui l'a décidé à se lier avec la Russie.

Frédéric-le-Grand, mis à deux doigts de sa perte par Elizabeth, auroit dû profiter aussitôt après la mort de cette princesse, de l'amitié de Pierre III pour se fortifier politiquement contre la puissance qu'il avoit reconnue si dangereuse pour lui. Sa politique auroit dû se tourner du côté de la Suède, du Danemarck, de la Ligue germanique, de la Pologne, de la Turquie, qui l'auroit reçu à bras ouverts. A la faveur de tant d'alliés respectables il auroit pu parvenir à se faire un parti dans le cabinet de Versailles, en imposer à la Russie, se délivrer de toute crainte de la part de l'Autriche. Que fait Frédéric après l'assassinat horrible de Pierre III ? Il s'unit avec Catherine, s'associe à ses vues ambitieuses et couvre en quelque sorte de son nom et de sa gloire le crime commis sur la personne de son meilleur ami. Si Frédéric eût montré l'énergie nécessaire en cette occasion, une grande partie de l'Europe se fût intéressée à sa cause, relevée par le sentiment d'amitié qui unissoit Pierre au roi de Prusse, et il auroit donné à la politique de sa monarchie de solides fondemens. Catherine craignoit ce coup, quand elle se hâta de rappeler un corps russe qui, sous les ordres de Czernichef, s'étoit réuni aux Prussiens.

C'est le traité de 1764 que Frédéric avoit conclu avec la Czarine, qui a encouragé cette dernière à gagner le Danemarck, à gouverner la Suède par une faction, à subjuguer la Pologne dans l'acte le plus solemnel, dans l'élection de son roi, à soumettre la Courlande aux fantaisies du conseil de Pétersbourg, et à suivre les traces de Pierre I. Frédéric n'ayant pas profité d'un moment aussi favorable pour affermir l'existence de son royaume, auroit dû au moins reconnoître sa faute pendant la confédération de Bar, dont le soutien lui auroit concilié la France. Malheureusement il a toujours facilité cette ligue désastreuse du Nord, qui a assuré à la Russie la suprématie de toutes les contrées qui l'environnent.

L'anonyme ne peut ignorer cette époque si peu éloignée. Pourquoi n'en saisit-il pas tous les faits ? Pourquoi ne s'arrête-t-il pas sur ceux qu'il présente suivant l'ordre des temps où ils sont arrivés ? Quelle idée donne-t-il de son sçavoir diplomatique, quand il dit, « ce sont les

» mêmes motifs qui déterminèrent Frédéric-Guillaume à
» entrer dans la coalition par déférence pour les vues
» ambitieuses des deux cours impériales » ? Frédéric-
Guillaume a-t-il été en guerre avec l'Autriche ? L'armée
russe l'a-t-elle réduit à deux doigts de sa perte ? A-t-il été
sur le point de perdre les meilleures provinces de l'Autriche,
enlevées par son prédécesseur ? Avoit-il à faire à un cabinet de Versailles, dans lequel une Pompadour & un
Bernis, l'une par reconnoissance pour Marie-Thérese qui
la traitoit de sa sœur, l'autre pour avoir été critiqué
par Frédéric sur sa stérile abondance poétique, s'étoient
réunis et soutenoient de concert les intérêts de l'Autriche contre la Prusse. La France ne cherchoit-elle point
à le détourner des piéges de la coalition ? Ne lui a-t-
elle pas envoyé Segur avec l'offre de son amitié ? Et
comment cet ambassadeur a-t-il été reçu à Berlin ?

Si l'anonyme croit servir les intérêts du Roi de Prusse
en dénaturant des faits si bien établis, il se trompe.
Frédéric-Guillaume doit franchement avouer ses meprises,
parce que c'est ainsi qu'il peut montrer que la volonté
de la Russie ne domine plus dans son cabinet, que lui-
même est entièrement éclairé, et sur les intrigues ma-
chiavéliques, et sur les vues ultérieures de sa dangereuse rivale ; c'est ainsi qu'il saura persuader aux Français
qu'il connoît ses vrais intérêts, et qu'il est revenu à
un systême plus sage, et c'est ainsi qu'il éveillera dans
les cœurs des vrais Polonois l'espérance de le voir bientôt
se détacher de la ligue co-partageante, et faire revivre la
Pologne.

L'anonyme nous apprend, comme une chose nouvelle,
que « si Gustave avoit vécu, la Suède seroit entrée dans
» la coalition ». Cette raison d'état que l'auteur assigne
comme mobile général des actions royales, auroit donc entraîné dans cette ligue, contre ses propres intérêts, et la
plus juste reconnoissance, une puissance alliée depuis près
de deux siècles à la France, garantie par elle dans plus
d'une circonstance critique, secourue par des subsides.
Est-ce encore pour excuser ce principe de raison d'état,
grand mot dont il n'explique jamais le sens, et par lequel
il explique tout ; que l'anonyme ajoute : « mais cette défec-
» tion scandaleuse en apparence n'auroit été au fond que
» l'effet du desir naturel de sa conservation ». Vous dites,
anonyme politique, que la Suède n'auroit pu se conserver
sans se joindre à la coalition ; elle ne l'a pas fait, et pour-
tant elle a su maintenir sa dignité, ses droits, son exis-

tence, en restant neutre au milieu du feu de cette guerre générale, et elle est parvenue intacte entre les mains de son jeune roi. Puisse, ce rejeton des Gustaves, ne pas se remettre sous le joug que son père a brisé !

On doit croire que les valeureux Goths ne se laisseront pas long-temps dicter des lois impérieuses par la femme altière que l'adulation contemporaine appelle la Sémiramis du Nord.

Les braves Suédois triompheront bientôt de ces vils esclaves de la Russie, qui ne sont parvenus à s'emparer de l'inexpérience du jeune prince que pour faire de la Suède ce que leurs pareils ont fait de la Pologne.

En parlant des Turcs, l'anonyme auroit pu facilement prouver que l'existence de la Pologne peut seule lier étroitement les intérêts de la république française, avec ceux de la Porte ottomane. Il auroit du au moins s'arrêter à cette pensée, que le silence du gouvernement français, sur le sort de la Pologne, s'il duroit plus long-temps, ne tarderoit pas à amener et à rendre possible une alliance de la Russie avec les Turcs. Toute monstrueuse qu'elle est, on a plus d'une raison de croire que Catherine la desire et la projete, pour assoupir ses crédules voisins, les détourner de leurs vrais intérêts, les réduire à leurs propres forces, et se jeter un jour sur cette proie, objet ancien de son insatiable avidité.

L'auteur dénué de sensibilité n'a pas su animer le tableau de ce qu'à fait la bravoure polonaise, à l'imitation des Français. On croiroit qu'il n'a pas connu les véritables causes des revers qui ont rendu nuls les efforts de la Pologne, ou du moins il garde à cet égard un silence qui rend sa véracité suspecte. Il ne s'arrête ni sur les intrigues éternelles de la Russie, ni sur la tactique coupable de ces suppôts de la tyrannie, qui désorganisoient tous les bons plans, affoiblissoient toutes les mesures fortes et refroidissoient la confiance de ces excellens patriotes dans leurs forces, c'est-à-dire leur ôtoient ce sentiment utile sans lequel la valeur, la prudence, tous les moyens de résister sont enchaînés et n'aboutissent qu'à une ruine totale. Il ne montre pas sur qui reposent dans ce moment les espérances des patriotes polonais, ce qu'ils pourroient faire, et ce qu'on devroit faire pour eux.

L'anonyme, après avoir entassé de grands termes, après avoir mis en avant quelques données, ou fausses, ou insuffisantes, pour montrer son but, qu'il ne fixe presque jamais, croit avoir tracé « en peu de mots, l'idée géné-

» rale, qu'on peut se former de la coalition et du rôle, tant
» actif que passif, qu'ont joué les différentes puissances dans
» cette scène sanglante » ; et satisfait de sa tâche, si digne-
ment remplie, il entreprend de donner des avis sur le plan
politique de la république française. « Les Romains eux-
» mêmes, dit-il, sentoient le besoin d'un plan politique
» quelconque dans leurs opérations ». *Quelconque !* Ils en ont
eu un des plus complets et des mieux organisés, et c'est à
ce plan, auquel leur sénat tenoit religieusement, que Rome
dût sa grandeur plus encore qu'à ses armes. Il importe à un
gouvernement naissant de méditer ce plan, si ce n'est pas
pour l'imiter, ce seroit du moins pour être éclairé sur la
formation de celui qu'il doit suivre relativement à la république.

Ce que notre politique insinue ici, *en réfléchissant*, ne pa-
roît pas analogue à ce qu'il dit ailleurs sans avoir réfléchi. Il
voudroit « que les ennemis principaux des Français fussent
» réduits à un tel point d'impuissance, qu'il y eut pour
» eux nécessité d'être fidèles aux traités de paix conclus
» avec les Français ». Quelle inconséquence de la part de
l'anonyme, qui d'abord a tant crié *la paix ! la paix !* Mais
on ne finiroit pas, si l'on s'arrêtoit sur tous les rapproche-
mens de ce genre que l'on rencontre en lisant sa production,
et sur tous les passages qu'on ne comprend pas. En effet,
« qu'entend-il par cette balance du pouvoir sur laquelle
» les alliés de la France ne peuvent pas assez compter pour
» n'être pas troublés dans leurs intentions pacifiques, ni
» entraînés par une force majeure à agir contre les intérêts
» des Français et les leurs ».

On trouve par-ci, par-là, dans cette brochure, quelques
idées raisonnables, mais elles ne peuvent éclairer personne,
parce qu'elles sont étouffées à l'instant par des lieux communs d'histoire, par des expressions qui ne portent aucun
sens à l'esprit, ou par des phrases comme celle-ci : « Voilà
» la force relative de l'Autriche assurée pour jamais par
» l'identité de haine et de rivalité ».

On sait que l'Autriche cherchera à s'agrandir, mais on
auroit du indiquer quelques moyens analogues aux intérêts
de la république pour l'empêcher de réussir dans ses des-
seins ; ou au moins faire connoître « en quoi consiste ce
» système inverse de l'Autriche, cet art du machiavélisme
» qu'elle doit employer pour séduire les voisins de la France
» et ses alliés ».

Ce qui se lit ici sur la république batave montre clairement que l'auteur n'a nulle connoissance ni de son état passé, ni de sa position actuelle, ni des rapports qui l'unissent à la république française.

Nous ne pouvons pas juger de l'étendue de ses lumières sur l'Angleterre par le peu qu'il nous a dit « de sa double » influence politique et commerciale consolidée en Russie » et de ses intérêts politiques de tous temps sacrifiés à ceux » de son commerce ». Tout ce qu'il ajoute encore sur la Pologne ne seroit pas sans intérêt pour ce malheureux pays, à qui il importe tant d'avoir en sa faveur l'opinion des Français ; mais comme il présente toutes ses vues déjà connues, sans ordre et sans simplicité, elles ne peuvent éclairer ni le public, ni le gouvernement qui, travaillant à l'ensemble d'un plan politique, ne peut rien ignorer de positif sur une partie aussi intéressante du nord de l'Europe.

« Ce politique français qui a soutenu qu'il faut à la France » deux alliées au Nord », a produit une idée vraiment digne d'arrêter la réflexion du gouvernement. La Prusse devroit être une de ces alliées et la Pologne l'autre ; mais il faut que la première consente à changer le sort de la seconde, et cherche, non des magnats, qui ne jouiront jamais d'aucune confiance dans leur pays ni dans l'Europe, mais la masse de la nation polonaise dont les Prussiens ont éprouvé le courage au siége de Varsovie, et qui, composée de la petite noblesse, du peuple des villes et de celui des campagnes, n'en feroit plus qu'un, et sauroit profiter de tous ses malheurs.

Si la France se trouvoit dans la position d'opter entre l'influence du Nord et celle de l'Italie, il seroit facile de prouver (ce que l'anonyme ne fait qu'énoncer) que celle du Nord est bien autrement importante pour la république que celle du Midi, et qu'elle ne pourra jamais être solidement assurée si l'existence de la Pologne ne l'est elle-même.

Il est vrai que Kociuszko, ainsi que l'annonce l'anonyme, n'avoit pas assez profité de l'exemple de Fabius, mais il est vrai aussi, et l'auteur n'en dit rien, que cette erreur militaire n'auroit pas entraîné la perte de la cause qu'il défendoit ; s'il eût montré plus de connoissance des hommes, s'il eût su écarter ces élémens impurs du royalisme polonais, qui devinrent bien funestes à la révolution, en dégoûtant les paysans, pleins d'ardeur et de bravoure, mais mal équipés et armés seulement de faulx et de piques.

Tout ami de la liberté a droit de présenter les fruits de ses méditations sur le systême politique et sur l'organisation sociale, et si l'anonyme n'avoit rien d'intéressant, rien de nouveau à offrir à la sagesse du gouvernement, il auroit mieux fait de lui nommer « ces hommes probes et éclairés, » qui connoissent les véritables intérêts de la Pologne, » et ses rapports politiques et commerciaux avec le reste » de l'Europe », que d'exposer un héros malheureux, privé déjà de sa liberté, à de plus grands malheurs ; que de lui faire parler un langage qui compromet sa dignité et le ravale au rang des écrivailleurs méprisés.

Si l'auteur vouloit par hasard s'occuper de la recherche « de ces hommes probes.... et capables au besoin de » donner des détails sur la forme de gouvernement la plus » convenable à notre position et aux intérêts de nos alliés », nous lui conseillerions de ne leur point prêter le sentiment de cet orgueilleux et impitoyable romain, Avitus (1), qui rejettant les plus justes et les plus touchantes demandes d'un peuple intéressant, dit : *arbitrium penes Romanos manere, quid darent, quid ad mererent neque alios judices quam ipsos paterentur :* parce qu'ils ne seroient pas estimés de tous les sincères patriotes polonais, qui savent se soumettre à l'empire des circonstances sans compromettre la grandeur de leur cause. Les Français eux-mêmes ne concevroient qu'une opinion fâcheuse et voisine du mépris pour des hommes qui se respecteroient si peu eux-mêmes. C'est d'un autre romain plus digne de porter ce nom vénéré que nous emprunterons le discours qu'il nous convient d'adresser aux républicains français.

Nous répéterons donc les propres paroles de celui qui, pour engager les alliés de Rome à relever cette ville, et à réparer ses pertes, leur parla ainsi, au nom de leurs communs intérêts : *communem hanc vos cladem credere oportet..... Pulchrum erit prolapsum imperium vestra fide retentum, ac recuperatum esse.* LIV. lib. 23.

F. X. W. D., réfugié polonais, auteur de l'écrit intitulé : *Idées sur la Pologne.*

A Paris, ce 3 fructidor, l'an 4 de la république française.

(1) CORN. TAC. lib. XIII, §. LVI.

De l'Imprimerie de BELIN, rue Jacques. N°. 22.